Le Réasseeur Sumbu Kasongo-Nyembo

Interprétation spirituelle des rêves les plus fréquents 2

Le Réasseeur Sumbu Kasongo-Nyembo

Interprétation spirituelle des rêves les plus fréquents 2

Éditions Croix du Salut

Imprint
Any brand names and product names mentioned in this book are subject to trademark, brand or patent protection and are trademarks or registered trademarks of their respective holders. The use of brand names, product names, common names, trade names, product descriptions etc. even without a particular marking in this work is in no way to be construed to mean that such names may be regarded as unrestricted in respect of trademark and brand protection legislation and could thus be used by anyone.

Cover image: www.ingimage.com

Publisher:
Éditions Croix du Salut
is a trademark of
Dodo Books Indian Ocean Ltd. and OmniScriptum S.R.L publishing group

120 High Road, East Finchley, London, N2 9ED, United Kingdom
Str. Armeneasca 28/1, office 1, Chisinau MD-2012, Republic of Moldova, Europe
Printed at: see last page
ISBN: 978-620-3-84571-6

INTERPRETATION SPIRITUELLE
DES REVES
LES PLUS FREQUENTS

DEVENIR MENTOR
DE L'INTERPRETATION DES REVES
EN 7 PHRASES.

Table des matières

Introduction

Le rêve, c'est une dimension de la vie parlant de nos vies par des images et des sons, nous sommes sur la terre, mais nous nous retrouvons dans une autre dimension à travers les rêves.

On se voit dans le rêve avec des personnes qu'on n'a jamais connues sur terre, montrant ainsi qu'on vit deux dimensions, physique et spirituelle.

Dans le rêve, nous entrons dans la dimension spirituelle pour connaitre des vérités cachées ; le rêve, c'est une dimension spirituelle qui a comme but principal de nous révéler des choses.

On peut voir dans le rêve, une partie de notre maison suintée, mais dans la réalité, jamais notre maison suinte ; cela montre que nous avons deux dimensions et le rêve nous montre des vérités cachées aux physiques.

Le rêve, c'est un canal que Dieu utilise pour nous parler, pour nous communiquer sa pensée, pour nous révéler le présent, pour nous prévenir de ce qui viendra dans le futur.

Un moyen utilisé pour nous avertir afin de nous détourner de notre manière de vivre et de préserver notre paix.

Le rêve n'est pas la matérialisation de nos pensées, de nos sentiments, de nos caractères, de nos natures. Nos travaux, nos occupations journalières lorsque nous le voyons en dormant cela n'est pas un rêve, c'est comme une pensée créant des images.

Tout ce que nous voyons comme images venant de nos pensées ce n'est pas le rêve ; quand j'ai faim, je dors, mon corps cherche la nourriture, la pensée de la nourriture est en moi.

Si je me vois entrer de manger, en réalité ce n'est pas un rêve, mais en dormant avec la pensée de la nourriture, cette pensée, c'est matérialisée comme image ou son. C'est comme une personne qui réfléchit et voit des images.

Le (vrai) rêve fait que la personne perd connaissance, il n'y a pas la pensée dans le rêve, il n'y a pas la conscience ; la conscience peut intervenir dans la vision, l'extase, rarement dans le songe, mais dans le rêve la conscience est inactive.

Lorsque la conscience y est aussi, l'interprétation devient aussi difficile parce qu'il y aura mélange des images et des sons.

Ce livre explique les rêves qui sont fréquents dans nos vies et nous donne l'interprétation spirituelle de ces rêves en nous aidant à comprendre d'autres rêves.

D'où nous devons comprendre comment arriver à interpréter nos rêves :

- [1]**Se réveiller avec tristesse ou tourmenté, le plus souvent l'interprétation va dans le sens négatif,**

- [2]**Se réveiller avec joie ainsi que paix du cœur, le plus souvent l'interprétation va dans le sens positif.**

N.B.

En se réveillant, cherchons l'élément clé, c'est-à-dire l'image ou le son clé du rêve.

Comme le plus souvent nos rêves sont corrompus par des activités et des problèmes quotidiens, par la multitude des occupations, faisons de notre mieux en se réveillant de chercher l'élément clé de notre rêve.

Et l'élément clé dans le rêve à une forte sensation, une forte émotion que les autres éléments (image ou son) et l'interprétation tournera autour de l'énigme ou de la partie où on a une forte sensation.

On peut voir dix images, mais le message est dans deux images seulement et plusieurs n'arrivent pas à desceller l'élément moteur de l'interprétation.

Le rêve demande une attention particulière pour être interprété et doit être interprété en reliant toutes les images vues.

Car la troisième image peut être la première image et la première image la dernière sans oublier que le rêveur change souvent la vraie contenue du rêve à cause de la conscience.

L’énigme, c’est ce qui est difficile à comprendre ou à expliquer dans le rêve parce qu'on ne dispose pas de tous les éléments.

En analysant nos rêves on peut nous connaître et nous comprendre profondément. Et le rêve nous amène à nous connaître, à connaître notre état spirituel et la vérité de notre état physique.

Le rêve révèle ce que nous sommes vraiment, ce que l’environnement et notre entourage sont.

Les rêves sont des messages transmissent le plus souvent par code pour nous révéler l’inconnu ou le connu, mais souvent négligé.

Exemple pratique d'un rêve

Une personne nous dit son rêve :

Je me suis vue dans la forêt ; étant là, j'ai vu un homme, et moi je commençais à courir et je me suis vue mordue, et après j'ai vu le serpent derrière moi, j'avais très peur.

C'est cela mon rêve.

- La 1e de chose à faire pour l'interprétation, c'est de [3]**savoir si c'est un rêve, un songe ou une vision et s'identifier** ; car dans le rêve, songe ou vision, on peut être un animal, un arbre, un fruit et autres.

En écoutant la personne, nous remarquons que son rêve n'a que des images sans son, mais ces images parlent, la personne a eu un songe, car le songe souvent n'a pas le son, uniquement des images.

Etant un songe, ce qu'elle a vu est une réalité ; car le songe, c'est la réalité spirituelle de notre vie, là où notre esprit est ou habite ; voir le songe de femme de nuit ou mari de nuit c'est une réalité qui n'est pas physique, l'acte sexuel est vrai, mais non matériel, mais spirituel.

- La 2e de chose à faire c'est de [4]**réunir les images**

a. Se voir dans la forêt
b. Un homme
c. Courir
d. Mordue
e. Serpent derrière lui

- La 3e de chose à faire c'est de [5]**classer correctement les images**

a. Se voir dans la forêt
b. Serpent
c. Courir
d. Mordu

- La 4e de chose à faire c'est de [6]**comprendre, interpréter le rêve en éliminant les parasites** comme la pensée, la conscience et autres.

En classant on comprend que la personne s'est vue dans la forêt, étant dans la forêt elle voit le serpent, elle commence à courir et le serpent le mord. Dans l'interprétation, il n'y a pas un autre homme.

Les images étant en ordre on peut maintenant interpréter.

- La 5e de chose à faire c'est de [7]**cherche l'énigme ou l'image, l'élément clé** qui est connu par une forte sensation, émotion dans le rêve ou en se réveillant.

L'interprétation tourne autour de l'énigme ou de la partie où on a une forte sensation ; dans le rêve ci-dessus c'est le serpent, la personne avait peur, son songe n'a pas d'énigme.

L'interprétation va tourner autour du serpent en sachant que se réveillé tourmenter, l'interprétation le plus souvent va dans le sens négatif.

Nous prenons ce livre, on cherche le mot clé dans la table des matières : SERPENT.

Le livre dit :

- C'est l'image de la prudence.

- C'est l'image de la souffrance.

Comme la personne était mordue et avait peur on annule le premier point ; on prend le deuxième, l'image de la souffrance dans la vie de la personne.

On peut s'arrêter ici, tout comme on peut approfondir l'interprétation, car on dispose d'un autre élément : MORSURE.

On cherche dans le livre dans la table des matières l'interprétation spirituelle de la MORSURE (mordu) on ajoute à notre interprétation.

QUELLES EST

L'INTERPRETATION SPIRITUELLE

DE MES FREQUENTS REVES ?

1. Abeilles

- Si la personne voit des abeilles dans son rêve, c'est soit la présence de la protection divine, soit la présence des esprits impurs.

- Voir les abeilles dit :
    - La puissance du rêveur est faible.
    - La force du rêveur est inférieure à celle de ces ennemis.
    - La vie de prière du rêveur est basse.

2. Aller à la toilette

- C'est l'image de la destruction venant des esprits négatifs due à une nature qu'à la personne. Si on ne fait pas attention, un domaine de la vie sera efficacement détruit.

- Si la personne a un cœur pur ; rêver allé à la toilette, c'est l'image de la pureté de l'âme attirant la bénédiction.

- Si dans le rêve je suis **constipé**, c'est l'image de l'oppression et de la destruction. On ne verra pas le résultat qu'on cherche voir dans ce que nous faisions.

- …

3. Animal

- C'est l'image d'une puissance spirituelle en œuvre souvent négative pour faire vivre la même chose, la même vie à la personne.

- Si l'animal a **un gros ventre**, c'est la présence de la mort dans la famille ; c'est l'image plus de l'avortement.

- Voir un **animal inoffensif**, c'est l'image de la présence d'un esprit positif ou négatif selon le comportement de la personne pour le contrôler et le surveiller.

- Voir un **animal maigre, malade ou mort**, c'est l'image du manque de paix et de la destruction liée à un comportement.

  C'est l'image d'une puissance spirituelle négative en œuvre.

- Voir un **animal en bonne santé**, c'est l'image de la distraction, de l'ignorance créant une fausse paix, une fausse tranquillité.

- …

4. Arbre

- Si dans la vie réelle on a souvent la sensation d'être observé ou suivi, c'est l'image de la présence des esprits pour contrôler la personne.

  C'est l'image des liens de la famille faisant vivre les membres d'une même famille la même vie.

- Si **l'arbre est coupé**, c'est l'image de la destruction sous forme de l'échec, de la mort, de l'humiliation, de la souffrance.

  Voir un arbre coupé dans le rêve peut aussi être la mort d'un proche.

  Voir plus d'un arbre coupé, c'est l'œuvre de la destruction créée par les esprits spirituels.

- …

5. Arbre avec les fruits

- C'est l'image d'une vie productrice, une vie qui a des bonnes choses, une vie qui peut donner naissance aux choses extraordinaires.

- Si l'arbre ayant les fruits est devant la personne, c'est l'image des barrières, des obstacles pour atteindre la paix.

  La personne doit détruire tout obstacle l'empêchant d'être en paix, car la paix est devant elle. Et le plus souvent l'obstacle, c'est nous-même.

- ...

6. Argent

- C'est l'image de la réussite, du bonheur si on persévère dans les actions positives.
- C'est l'image de l'exaucement de la prière.
- C'est l'image d'un thermomètre pour révéler à la personne le niveau de sa foi ; plus l'argent est considérable plus la foi est grande pour attirer ce qu'on cherche.
- Lorsqu'on voit **l'argent propre**, c'est l'image de l'abondance, mais si l'argent est : très propre, sale, troué, déchiré ou collé, c'est l'image de la disette, de la sécheresse.
- **Recevoir l'argent** dans le rêve, il y aura des ouvertures dans le jour avenir pour te donner le bonheur, la réussite, la paix.

- **Demander de l'argent** dans le rêve, c'est l'image de la trahison, fait attention à ton entourage.

- …

7. Blessure

- C'est l'image de la guérison divine si la plaie n'a pas le sang et on est malade.

- C'est l'image d'être comme cible des esprits négatifs, cherchant à détruire un domaine précis de la vie, mais pour y arriver ils doivent pousser la personne à se méconduire.

- C'est l'image de l'inaccessibilité, si la plaie a du sang, c'est-à-dire ce qu'on cherche on l'aura avec mille et mille difficultés.

- C'est l'image d'une mauvaise nouvelle.

- C'est l'image d'une semence porte, un comportement permettant au monde spirituel d'agir négativement dans un domaine précis de la vie.

- Si la plaie est partout, c'est l'image d'une forte souffrance, d'une forte destruction future.

- C'est l'image de la mort, de la souffrance, d'un tourment qui arrive.

- …

8. Briser

- Briser quelque chose, c'est l'image de l'examen de soi, voir là où on en est avec la vie et corrigé ce qui doit être corrigé, car un malheur n'est pas loin de nous.

- C'est l'image de la force constructive ou destructive selon le comportement de la personne.

- C'est l'image du brisement, la personne doit briser sa nature pour la conformer aux bonnes mœurs.

- C'est aussi l'image du combat spirituel.

- …

9. Cadenas

- Lorsque la personne voit le cadenas sans le touché, c'est l'image de la malédiction.

- Voir une porte fermée avec le cadenas, c'est l'image de la souffrance, de surplace ; le rêve révèle à la personne le chemin emprunté ou la décision prise, c'est la voie du malheur.

- Lorsque la personne voit le cadenas et le touche, c'est l'image du blocage, du manque. Et le plus souvent, c'est l'image de la malédiction due aux paroles prononcées.

- Si la personne touche ou voit le cadenas ainsi que la clef, c'est l'image de l'appel à un travail précis ; un don inné doit entrer en action pour la paix de la personne sinon on remarquera le blocage.

- Si la personne est parent, elle doit regarder sa vie, car elle a bloqué la vie de ces enfants.

- …

10. Champ

- Le champ, c'est l'image du travail, l'image de la bénédiction demandant une forte patience pour atteindre son objectif.

- C'est l'image de servir les autres pour trouver le chemin de la paix et de la joie.

- Voir le champ peut aussi signifier la souffrance, si dans le rêve on n'avait pas la joie ou on travaillait avec peine.

- Si une partie du champ est mauvaise, c'est l'image de la destruction de la bénédiction ; par contre si une partie du champ semble être sale, c'est l'image du commencement de la destruction d'un travail.

- Voir les animaux dans le champ (n'importe quel être du règne animal), c'est l'esprit de contrôle dans ta vie, tu es surveillé, tout ce que tu fais est contrôlé.

- …

11. Chausseure

- C'est l'image d'un travail précis pour trouver la paix, et ce travail est lié à un don inné ; idem si on voit qu'on cherche la chaussure.

- Dans le cas où on marche avec **une seule paire** ou on donne une seule paire à la personne, c'est l'image de la négligence, de l'impureté, de la perte de la faveur.

- Lorsqu'on rêve la **chaussure trouée**, c'est l'image de l'humiliation, de la négligence, de l'échec.

  C'est aussi l'image d'une puissance négative agissante dans la vie de la personne créant les freinages, les blocages, les surplaces.

  Chaussure trouée, c'est l'image de quelque chose de négative dans la vie de la personne bloquant sa marche, créant la fatigue, la lourdeur…

- …

12. Chemin

- Si le rêveur se voit en promenade dans un chemin normal, éclairé, c'est l'image de la persévérance pour arriver à sa bénédiction, à sa paix.

- Si le rêveur se voit en promenade dans un chemin noir, c'est l'image de la confusion amenant à l'échec.

- Si le rêveur se voit en promenade dans un chemin, arrivé au milieu, il voit deux chemins, le rêveur doit faire attention à son comportement ou aux mauvaises compagnies qui l'éloigneront de sa bénédiction.

- Si le rêveur se voit en promenade dans un chemin en voyant les animaux ou des personnes, des plantes, des arbres… c'est l'image de la présence le plus souvent des esprits négatifs dans sa destinée.

- Si le rêveur se voit en promenade dans un chemin et se perd ; le message est que la personne détruit sa bénédiction ou il est sous l'influence des puissances de la sorcellerie, c'est-à-dire elle n'arrivera jamais à sa destination ; c'est la manifestation de l'esprit de recul, de freinage, de surplace, de blocage ou de l'aveuglement.

- …

13. Chien

Si dans la vie présente je constate le surplace, le chien dans le rêve, surtout s'il est **agressif**, c'est l'image d'une puissance spirituelle négative en œuvre pour faire vivre la même chose, la même vie à la personne à partir de ces pensées.

On remarquera dans la vie actuelle, nos pensées sont instables, et on se met en colère même pour rien, là nous devons comprendre le chien dans le rêve, c'est déjà l'image de la possession, nous vivons avec un esprit dans notre dimension spirituelle.

La dimension spirituelle ne rien d'autre que notre maison spirituelle, là où notre esprit vit, si on peut vivre avec des anges, on peut aussi vivre avec des démons.

Et voir le chien agressif dans le rêve, symbolise souvent les esprits négatifs dans notre dimension spirituelle, non pour notre paix, mais pour notre tourment.

Si je vois un chien, mais étant **inoffensif**, c'est l'image de la présence d'un esprit positif, mais si je remarque la peur en moi, souvent, c'est l'image de la surveillance, je suis contrôlé par un esprit négatif.

Ici on doit comprendre que l'ennemi cherche une porte, un comportement pour agir dans la vie. Je dois faire attention à me dire et mes agissements.

Mais si je vois un chien inoffensif et je sens la peur en moi, mais en me réveillant je suis convaincu que le chien n'allait rien me faire, cela veut dire que je ne fais pas confiance à Dieu, ni à mes capacités, je me sous-estime et je n'ai pas foi en Dieu.

Le chien dans le rêve nous révèle aussi notre nature, mais ces natures nous amènes droit dans le feu éternel, on va remarquer en nous :

- L'impudicité
- La convoitise

- La cupidité
- L'égoïsme

Le chien dans le rêve, c'est aussi l'image de la régression, nous retombons dans la même folie, le même péché du passé, on reprend encore ce que nous avons décidé de ne plus faire ; on doit faire vraiment attention, car ce rêve nous révèle qu'on subira les conséquences de nos péchés…

Un chien qui **aboie**, c'est l'image du danger, un danger arrive, soit prudent, ne soit pas distrait, mais s'il aboie à cause de ta présence ou en te regardant, c'est l'image de l'instabilité de la pensée qui créera dans le futur des sérieux problèmes.

Un chien qui aboie sans le voir, c'est l'image de la surprise dans le jour avenir, l'aboiement du chien, c'est pour te réveiller, pour te dire d'être sur tes gardes et sage ; car si la surprise est négative, on peut l'éviter, si elle est positive on peut la voir en étant sage.

Etre **poursuivi** par un chien, c'est l'image du combat spirituel, si dans le rêve tu fais tout pour t'éloigner du chien.

Si on arrive pendant la poursuite à s'échapper, ne plus voir le chien, c'est l'image de la victoire sur tes ennemis, dans le cas contraire, c'est l'image de : la défaite, l'emprisonnement, le dépouillement, le surplace, l'échec, le blocage.

Etre poursuivi par un chien, c'est l'image aussi de la faiblesse de l'esprit, la personne ne nourrit pas spirituellement son esprit, attirant ainsi les mauvaises choses dans sa vie. Et l'esprit est nourri par la connaissance, mais est mieux nourri si cette connaissance est la vérité.

Etre **mordu** ou **blésé** par un chien, c'est être une cible physiquement ou spirituellement pour être détruit. Dieu te dit de résister à ta réalité, ne donne aucun accès au mal ; car l'ennemi cherche à te faire pécher dans un domaine bien précis pour te détruire, garde toi.

La morsure représente aussi la semence de l'ennemi dans la vie de la personne qui est mordue ; ces semences sont des portes permettant à satan et ces enfants d'œuvrer dans la vie du rêveur pour le tuer, le voler, le détruire.

Ces portes spirituelles aboutissent par la possession ou la maladie spirituelle...

Etre mordu ou blésé par un chien, surtout si cela était par surprise, c'est l'anesthésie spirituelle qui est la diminution de la vie de prière.

Cette diminution s'accompagnera de la régression de la foi ; ainsi, on se rendra vite compte que la manière de servir Dieu ne sera plus la même qu'auparavant ; l'intensité de la prière baissera.

Etre mordu ou blésé par un chien, sans avoir le plus souvent aucune douleur dans le rêve, c'est l'image de la révélation, Dieu te révèle ton problème, en toi tu as une semence impure te faisant vivre la même chose ; Il te demande de détruire cette semence qui peut être une nature.

Etre mordu ou blésé par un chien, si la plaie a le sang, c'est l'image de l'inaccessibilité, ce que tu cherches tu ne l'auras pas parce que tu n'es pas dans le bon chemin, si tu continues à vivre une vie de pécher, ton problème peut être incorrigible.

Etre mordu ou blésé par un chien, c'est l'image de la mort, de la souffrance, d'une mauvaise nouvelle, d'un tourment qui arrive si tu as la douleur après la morsure ou tu es paniqué étant mordu.

C'est aussi l'imposition, l'ennemi impose quelque chose : une vie, une pensée, un sentiment, une nature, un caractère, un comportement, un langage dans la vie de la personne, bref un mode de vie.

Etre mordu ou blésé par un chien, c'est l'image de la possession, c'est-à-dire dans ta vie, il y a une semence satanique donna accès aux esprits impurs de te détruire, de te pénétrer, d'œuvrer librement dans un domaine précis de ta vie.

Etre mordu ou blésé par un chien si tu résistes au chien, c'est l'image du combat spirituel, dans ce cas Dieu te dit les coups de l'ennemis t'ont touchés ; car

Il ne te protège pas totalement, fais-lui totalement confiance et sa protection sera totale dans ta vie.

Et la confiance en Dieu, c'est un mode de vie.

Voir **les petits d'un chien** dans le rêve ou un chiot, c'est l'image de la bénédiction si ces petits sont en bonne santé et tu vis la vie de la sanctification, dans le cas où ils ne sont pas en bonne santé, le rêve te dit que tu es en train de détruire ta bénédiction par ton comportement.

Voir les petits d'un chien dans le rêve ou un chiot, c'est l'image de la malédiction par répercussion, c'est-à-dire ce qui est détruit cause aussi la destruction des autres choses.

- Si le père est détruit par exemple, cette destruction cause aussi la destruction de ces enfants…
- Si le travail est détruit cela causera aussi la destruction du mariage, le mariage détruit, les enfants le serons aussi…

Voir les petits d'un chien dans le rêve ou un chiot, c'est l'image aussi de faibles puissances par rapport à ta puissance, mais te détruisant, Dieu te dit : Tu te laisses vaincre à cause de ta distraction par des esprits qui ne devaient jamais te vaincre.

Détruit l'oppression satanique dans ta vie.

---

14. Chiffre

0. Voir le chiffre zéro, c'est l'image du choix ; créant soit : l'échec conduisant à l'instabilité, soit la réussite conduisant à la stabilité.

Le rêve dit à la personne de faire attention à ses choix.

1. Voir le chiffre un, c'est l'image de l'unité, de l'harmonie, de la joie ; on doit s'unir avec les autres pour avoir le succès, mais s'unir aux personnes qui partagent notre foi.

2. Voir le chiffre deux, c'est l'image de la victoire, de l'autorité, du pouvoir dû à un travail ; on commencera petit, mais ce petit deviendra grand.

Si on est marié, deux peut être l'image de la séparation, du divorce si on ne fait pas attention.

3. Voir le chiffre trois, c'est l'image de la stabilité, de la richesse, du finissage ou de l'accomplissement.

L'image de l'achèvement, on est capable d'achever ce qu'on a commencé.

C'est l'image d'une vie de sacrifice, de douleur suivie de paix.

4. Voir le chiffre quatre, c'est l'image du travail, de la stabilité, de la fervente ; l'image du changement, du renouveau si on persévère dans le sacrifice.

5. Voir le chiffre cinq, c'est l'image de l'autorité, de la domination.

6. Voir le chiffre six, c'est l'image du travail, de la force ; l'image qu'on peut encore faire mieux si on détruit la négligence, la distraction.

7. Voir le chiffre sept, c'est l'image de la perfection, du repos, de la joie ; on se développe parfaitement, mais le rêve nous dit de beaucoup réfléchir avant de s'engager à une chose.

8. Voir le chiffre huit, c'est l'image de l'unité, de la joie, de l'abondance.

9. Voir le chiffre neuf, c'est l'image de l'accomplissement, du pouvoir, de la générosité. On va plus s'épanouir en prenant soin des autres

…

Si le chiffre est transparent, illisible ou difficile à lire, le rêve nous révèle que la bénédiction liée à ce chiffre est en voie de la destruction totale, en voie de la disparition et ça sera difficile de la récupérer, mais on a encore le pouvoir, le moyen de la récupérer en changeant notre comportement.

Dans le cas d'illisibilité d'un chiffre, c'est l'image du sacrifice, de beaucoup de force pour vaincre.

Si le chiffre est surchargé ou en gras, c'est la confirmation de ce qui est lié à ce chiffre « malheur ou bonheur »...

...

15. Clef

- Lorsque la personne voit la clef sans la touchée, c'est l'image de la réussite.

- Lorsque la personne voit la clef et la touche, c'est l'image de la délivrance dans tout le domaine de sa vie, l'image du progrès, de l'élévation. C'est l'image du passage du malheur au bonheur.

- Lorsque la personne voit la **clef cassée**, c'est l'image de n'est pas recevoir ce qu'on demande, ni de trouver ce qu'on cherche, c'est l'échec. C'est aussi l'image d'une délivrance partielle, pas totale.

- Si la personne voit la **clef rouillée**, c'est l'image de recevoir ou trouver ce qu'on cherche ou demande, mais sans que ceci apporte la paix.

- …

16. Construction

Souvent la maison vue dans le rêve est la représentation spirituelle du rêveur, c'est-à-dire voir un bâtiment, c'est se voir.

- Voir des **belles constructions**, c'est l'image d'être dans une bonne voie, l'image de la bénédiction. Et le rêve nous recommande d'être solide parce que quelque part dans la vie du rêveur, il y a un laisser-aller qui le détruira.

- Voir la **mauvaise construction** dans le rêve, c'est l'image de l'instabilité, de la négligence et d'ignorance. Et le rêve nous révèle aussi la source, le départ, le début, l'origine de quelque chose est mauvais.

- Voir une **construction inachevée**, le rêve dit on commencera une chose, mais on ne la finira pas si on ne fait pas attention par manque de sagesse et de réflexion.

- Voir une **construction achevée**, le rêve révèle à la personne que tout va bien, et tout ce que le rêveur fera sera affermi.

- Voir la **construction d'une église** dans le rêve : ça dépend de matériaux utiliser pour construire. C'est aussi l'image intérieure de la personne, Dieu révèle à la personne son état spirituel ; soit dans la vie de la personne il y a une forte concentration de la présence de Dieu, dans ce cas elle voit l'église propre, dans le cas contraire, Dieu lui dit de chercher sa délivrance, car il y a une forte activité en elle des esprits impurs créant les tourments dans sa vie.

- …

17. Dent

- Les dents dans le rêve, c'est l'image de la puissance, de la transformation. Etant ainsi on nous dit d'avoir un comportement ferme.

- Les dents dans le rêve, c'est l'image de l'exaucement de la prière.

- Si les **dents tombent**, c'est l'image d'une situation future qui fera très mal, on nous demande la prudence et la sagesse.

  Par contre, si la dent tombe avec du sang, c'est l'image de l'esprit de mort.

  Si le rêveur remarque l'absence d'une dent ou des quelques dents, c'est l'image de la destruction ; certains domaines de sa vie sont détruits et ce difficile de les récupérer.

  C'est aussi l'image de la limitation.

- Si **la dent est pourrie**, c'est l'image de la bouche pourriture ; une bouche pourriture, c'est une bouche qui fait sortir : le mensonge, la critique, la calomnie, l'injure, la médisance, la division, la haine, la colère… pour notre perte.

- **Enlever la dent** ou les dents de force cela montre que le rêveur doit prendre une décision ferme de mettre fin à un comportement, à une pensée, à une relation.

- …

18. Désert

- C'est l'image de l'imposition souvent venant d'une habitude ; une condamnation à une pensée, à un sentiment, à un comportement créant le manque de vie.

- C'est l'image de la sècheresse et de l'improductivité dans ce qu'on fait.

- C'est aussi l'image du sacrifice pour atteindre ces objectifs ou être équipé puissamment, c'est-à-dire sans le sacrifice malgré des nombreuses capacités on n'atteindra jamais ce qu'on s'est fixé.

- …

19. Deuil

- C'est l'image d'un messager ; voir un deuil dans le rêve, le rêveur recevra un nouvel triste. C'est l'image du malheur ; un événement triste ou malheureux arrive.
- C'est l'image de l'échec qu'on peut éviter.
- C'est l'image de l'esprit de mort, un département de nos vies sera détruit et causera une grande douleur en nous.
- …

20. Difficulté à

Lorsque le rêveur a des difficultés dans son rêve, c'est la diminution de l'énergie spirituelle due soit aux activités quotidiennes, au manque de repos ou aux esprits maléfiques créant ainsi la fatigue, la lourdeur, le freinage, le manque de concentration dans la vie.

C'est l'image de l'inachèvement, on commencera une chose, mais on ne la finira pas. Et cela est lié à notre caractère.

…

21. Echouer

- Echouer dans le rêve, c'est l'image du niveau de la spiritualité de la personne ; une nature omniprésente empêche la personne d'évoluer.

  Le résultat ou le pourcentage de l'échec, c'est un message qui révèle les efforts à fournir pour arriver à détruire sa nature.

  Si l'échec est grave, la destruction de sa nature demande non seulement la décision, mais aussi beaucoup de sacrifice pour réussir. Si l'échec est léger l'effort à fournir n'est qu'une décision et la maîtrise de soi.

Dans le cas de l'échec, on doit faire de notre mieux pour être maître de notre chair par la discipline ; en sachant que la chair cherchera à nous détruire et elle nous résistera, mais on doit la dominer.

N.B.

Si l'échec est de 0 à 20%, un examen de soi s'impose, cherchons la source de nos mauvaises natures avant toute chose, tant qu'on ne connait pas la source de nos mauvaises natures, on n'avancera jamais dans la vie quels que soient nos sacrifices et décisions.

- **Ne pas connaître la réponse** d'une question posée dans le rêve, c'est l'image de l'échec dû à une mauvaise nature souvent la négligence à la vérité ou le refus de pratiquer la connaissance.

  C'est l'image préventive de la destruction future, c'est-à-dire ce que nous voyons marché correctement à un certain niveau tout sera détruit.

- **Se tromper de réponse**, c'est l'image préventive et de la patience ; la personne doit faire attention avec ces choix, elle doit beaucoup réfléchir avant de faire quelque chose et doit faire attention à l'impatience.
- …

22. Ecole

- Se voir à l'école (université) sans être dans la vie présente écolière (étudiante), le rêve montre que la vie spirituelle et la vie normale de la personne sont vagues, c'est-à-dire la personne n'évolue pas, mais en croyant évoluer.

  Le rêve révèle à la personne qu'elle n'évolue pas, elle fait le surplace malgré que ces yeux montrent qu'elle travaille, qu'elle l'a fini ses études, en réalité la personne n'est pas ce qu'elle croit être.

  La personne doit faire de son mieux pour détruire la limitation dans sa vie, chasser l'esprit de la photocopie (vivre une vie qui n'est pas la sienne).

Comme conseil :

Faisons de notre mieux pour nous accepter, accepter la situation présente, ne vivons pas la vie par rapport aux mondes ; si on n'a pas, on doit l'accepter et non-convoiter et faire ce que les autres font pour avoir négativement.

Ne copions pas l'intelligence, les sentiments des autres, faisons ce qu'on doit faire selon nos capacités pour trouver.

23. Eglise

- **Etre dans l'église** dit que la personne doit faire un effort d'être dans la présence de Dieu, et Dieu lui dit que sa paix est liée à l'église qui est l'image de sa présence.

  En cas des problèmes, Dieu dit que la solution, c'est être dans sa présence.

- Se voir **en dehors de l'église**, c'est l'image du manque de paix, la paix de la personne dépendra de la mise en pratique des enseignements de Dieu.

C'est l'image de la déconnexion, du rejet ; la personne se déconnecte petit-à-petit de Dieu dû à son attitude vis-à-vis de Dieu.

- **Se diriger vers l'église** le rêve dit : La voie qu'on empreint est une bonne voie, continuons à persévérer et on arrivera à la paix, ne nous décourageons pas quel que soit ce qu'on verra dans le chemin.

- **Voir les œuvres des puissances** dans le rêve comme les guérisons, la délivrance et autres dans l'église : Dieu nous dit qu'Il est « Je suis », Il est avec nous et Il agit ; accrochons-nous à Lui, même si la situation semble ne pas changer, ne perdons pas espoir, croyons, Il ne nous a pas oublié, chaque chose a son temps.

- Voir **le désordre dans l'église** dans le rêve, c'est l'image du mélange, du désordre intérieur, on mélange le bien et le mal, mettons de l'ordre dans nos pensées.

C'est l'image de l'oppression, des esprits négatifs oppressent la personne pour qu'elle abandonne la foi ou sa décision.

- **Le mariage dans l'église** dans le rêve, c'est l'image de la bénédiction ; la personne sera honorée dans l'avenir, on la demande la patience, la persévérance, la foi.

- …

24. Enfant

- Etre **entouré des enfants** ou prendre soin d'un enfant, c'est l'image de la stérilité soit sur le plan de la maternité soit sur le plan des affaires et autres.

  Si le rêveur voit une personne entourée des enfants, c'est l'image de la libéralité, du service envers les enfants.

- Se voir **allaitée**, mais sans avoir les enfants, le plus souvent, c'est la perte de l'énergie spirituelle, l'énergie de la personne est utilisée négativement.

- Si le rêveur voit dans son rêve un **enfant qui pleure**, c'est l'image du malheur et des critiques.

- Voir un **enfant qu'on connait être adulte** dans le rêve, c'est l'image de la servitude, l'intelligence de l'enfant est utilisée dans le monde impur créant un comportement négatif dans la vie de l'enfant pour créer les tourments dans la famille.
- …

25. Etudier

- C'est l'image du surplace, du freinage ou blocage surtout si le rêveur a déjà fini les études.

- C'est l'image de la correction et de la confession, la personne doit corriger sa vie passée, tant qu'elle ne vit pas et ne cherche pas la paix avec tous, sa vie n'avancera pas.

- **Rêver de lire** c'est l'image de la connaissance ; sans la connaissance acquise on ne peut jamais trouver la paix, la joie, le bonheur, le succès, la réussite.

- …

26. Examen

Passé un examen dans le rêve, le plus souvent, c'est l'image de la négligence, la négligence bloque le progrès de la personne.

…

27. Excrément

- La personne voit qu'on **jette quelque part** les excréments, c'est l'image de sa bénédiction ; soit c'est une bénédiction que la personne perdra par la distraction et la négligence. Soit c'est une bénédiction que les esprits négatifs cherchent à détruire.

- **Le voir** c'est l'image de la bénédiction, mais pour y accéder la personne doit vaincre les esprits. Etant ainsi on doit plus fixer notre caractère et détruire toutes impuretés en nous.

  Les excréments dans le rêve, c'est aussi l'image de la division ; voir cela dans une famille, c'est aussi l'image de l'esprit de divorce.

  C'est aussi l'image d'une forte distraction et manque de concentration dans la vie qui aboutira à une vie de surface qui se remarque par la légèreté en tout dans la vie. On fait des choses sans que nous entrions en profondeurs.

- **Être couvert** des excréments, c'est l'image d'une vie qui n'est pas bonne, c'est-à-dire la personne n'a pas une bonne vie et il y a la présence des esprits impurs dans la vie de la personne, cela ne dit pas que la personne est possédée...

Si le caca n'a pas d'odeur la personne est totalement contrôlée par le monde, c'est-à-dire c'est une personne qui laisse le monde le dirigé, lui donné le point de vue, les orientations, la personne laisse le monde agir dans sa vie...

Or si le monde agit dans nos vies, nous sommes perdus...

- …

28. Famille

Se voir toujours dans sa famille dans le rêve :

- C’est l’image du lien négatif de la famille agissant dans la vie de la personne, amenant les membres d’une famille à vivre la même vie sur le plan négatif.
- C’est l’image de la séparation ; pour la personne mariée, en faisant ce rêve, c’est l’esprit de divorce qui agit dans sa vie.

- C'est un message d'avertissement qui dit de faire attention, car l'esprit de la destruction veut agir dans la vie du rêveur.

- …

29. Fête

- C'est l'image de l'exaucement de la prière si dans le rêve on est joyeux, tout est propre et ordonné ; c'est la joie, la réjouissance dans la vie.

- C'est l'image de la souffrance si dans la fête on fait un travail ou encore l'endroit n'est pas propre ou ordonné.

- C'est l'image de l'idolâtrie, c'est-à-dire la personne qui s'attache et aime trop le monde créant le manque de paix et la convoitise dans sa vie.

- …

30. Feu

- Se voir tout **autour du feu**, c'est être uni avec des entités spirituelles négatives et cela se remarque dans la vie par l'envie excessive de faire le mal (la haine, la jalousie, la vengeance, les accusations…).

- Se voir dans le rêve avec **le feu dans la main**, c'est l'image de l'autoconstruction ou l'autodestruction par un comportement, c'est-à-dire la personne à un pouvoir de destruction ou de construction en elle ; dans le cas d'une puissance positive, le plus souvent, c'est le don spirituel.

- Si on se voit dans le rêve **au milieu du feu (entourer du feu)** c'est l'image de l'onction, on est oint pour changer tant des choses.

- On se voit **bruler** au sens des brulures dans le rêve ou carrément, on a une peau brulée : c'est l'image de la destruction, c'est-à-dire soit les œuvres impures agissent puissamment dans un domaine précis ; soit nous-même on s'est détruit par nos agissements.

- **Voir le feu**, une flamme, quelque chose de bruler, c'est l'image de la destruction présente ou future ; mais quand la flamme, le feu brûle déjà quelque chose, la personne doit faire attention parce que dans peu de jour, il y aura la destruction dans sa vie ou dans ce qu'elle fait.

  Voir une flamme, un feu, une brûlure sans source, c'est l'image de la destruction dans la vie du rêveur ; il y a des départements de sa vie qui ne marchent pas bien, il remarquera dans sa vie des mauvaises circonstances jaillir de nulle part pour le détruire.

  Voir une flamme, un feu, une brûlure ayant une source, c'est l'image de la destruction se trouvant dans nos propres mains, c'est-à-dire c'est nous-même qui détruisons notre vie.

- …

31. Fourmi

- Si la personne voit des fourmis dans le rêve, c'est l'image du travail, c'est-à-dire la personne doit travailler durement pour sa paix ; sa paix dépend du travail qu'il fait ou fera.

- Si la personne voit des fourmis dans le rêve, c'est l'image de l'unité ; le rêveur a la responsabilité d'unir les personnes.

- Si la personne voit des fourmis dans le rêve, c'est aussi l'image de la disette.

- Si la fourmi monte sur la personne dans le rêve : Si la personne a une grande peur ou elle la pique, c'est l'image de la dégradation spirituelle qui se remarque par le blocage, le célibat, la déception…

- …

32. Fruit

- Rêver **les fruits non mûrs**, c'est l'image de l'immaturité, la personne doit faire de son mieux pour travailler sa nature et devenir mature.

- Rêver **les fruits mûrs**, c'est l'image de la maturité sans vivre selon elle, le rêve nous révèle de vivre selon notre identité, non parfois être mature et après un moment immature.

- Si le rêveur voit qu'il **cueille les fruits** et les distribues, c'est l'image de la semence, nous devons semer dans la vie des gens.

  Si dans le rêve on cueille le fruit dans l'intention de le manger, si les fruits cueillis ne sont pas mûrs, c'est l'image du chagrin, de la douleur dû à un comportement.

  Si les fruits cueillis sont mûrs, c'est l'image de la bénédiction et de la paix venant des efforts physique et spirituel.

- Si le rêveur voit les fruits ou un **fruit pourri**, on doit faire attention par rapport à notre bouche, ce qui sort de la bouche amène la mort. C'est l'image aussi de la destruction de la paix, de la bénédiction par soi-même.

- Voir un seul **fruit tombé** de l'arbre dans le rêve, c'est l'image de la mort d'une personne chère ou la destruction d'une chose.

  Voir plusieurs fruits tombés de l'arbre dans le rêve, c'est l'image de la force spirituelle en œuvre, la personne à une forte puissance d'attraction positive si les fruits vus sont mûrs, elle attire la faveur.

  Si les fruits ne sont pas mûrs ou sont pourris, c'est aussi l'image de la force spirituelle en œuvre, la personne à une forte puissance d'attraction négative, elle attire la destruction dans sa vie.

- Lorsque la personne rêve qu'elle est en train de **manger un fruit** ou les fruits, c'est la vie, la gloire, la prospérité, la joie si le fruit que le rêveur mange est mature.

Si dans le rêve les fruits qu'ont mangés sont matures, mais n'ont pas un goût agréable à la bouche, c'est l'image du manque de maîtrise de soi et de patience.

Dans le cas où le fruit n'est pas mature c'est la sécheresse et dans la vie présente de la personne, c'est une vie de sur-mesure.

- …

33. Fusillade

C'est l'image de la guerre physique ou spirituelle, dans la vie du rêveur qui voit la guerre ou la fusillade, c'est le manque de paix. Dans la vie du rêveur, vivre en paix sera difficile.

…

34. Grossesse

- Etre enceinte ou voir une femme enceinte dans le rêve, c'est un message qui dit au rêveur, ce que la personne traverse un jour ceci lui donnera la paix, la vie, le bonheur.

On lui demande la persévérance dans le malheur et de veiller sur ses pensées, ses agissements et ses sentiments qui peuvent interrompre le processus de la paix, de la vie, du bonheur.

On lui demande la patience, la maîtrise de soi et de trouver la joie dans la souffrance ; car être enceinte, c'est une bénédiction que la personne a déjà ou la personne aura dans peu de jour.

- C'est l'image de la stérilité, soit sur le plan de la maternité soit sur le plan des affaires et autres si dans le rêve on n'était pas heureux ou les mauvaises choses se déroulaient tout autour de nous.
- C'est aussi l'image de la souffrance et la destruction de sa vie par rapport à l'impudicité.
- …

35. Infidélité

- L'infidélité dans le rêve, c'est la destruction future du mariage si on ne fait pas attention.

Si c'est rarement, le rêveur sera dérangé par le divorce.

- L'infidélité dans le rêve, c'est la présence des esprits incubes ou succubes.
- L'infidélité dans le rêve, c'est une forte convoitise dans l'homme créant en elle des caractères négatifs.
- L'infidélité dans le rêve, c'est l'image du manque de satisfaction ; le rêve nous révèle notre paix n'est possible que si on se contente de ce qu'on a.
- …

36. Miel

- Si la personne voit des abeilles et ceux-ci font le miel ou voit que le miel dans son rêve : C'est l'image de la richesse, de la force, de la douceur ; la personne doit travailler sa douceur et son don de prophétie.

- Si le rêveur le consomme, c'est la clairvoyance, le rêveur ne doit pas négliger ces intuitions.

- …

37. Montagne

- C'est le niveau spirituel de la personne ; en **montant**, c'est positif, en **descendant** la marche spirituelle est faible, on a dérouté quelque part.

- **Atteindre le sommet**, c'est réussir, être capable.

- **Tomber**, c'est la dégradation, la chute et un malheur arrivera soudainement.

- Si le rêveur **n'arrive pas à monter** dans le rêve, c'est l'image de sa nature bloquant son progrès. C'est aussi l'image de la limitation.

- **Voir la montagne** dans le rêve, c'est l'image des barrières spirituelles qui seront détruites par le sacrifice.

La montagne, c'est aussi l'image du sacrifice pour atteindre ses objectifs.

- …

38. Mordu

- Le plus souvent la morsure représente une semence négative dans la vie de la personne, des portes permettant aux esprits négatifs d'œuvrer dans la personne ayant la mission de faire vivre la personne mois après mois la même vie.

- Etre mordu dans le rêve, le ciel nous informe qu'on est ciblé par des esprits négatifs, veillons sur notre comportement.

  Et on remarquera vite après le rêve, la diminution des certaines capacités en nous. C'est une forme de l'anesthésie spirituelle pour détruire la personne.

- C'est l'image aussi de la présence d'une maladie spirituelle que le physique n'arrivera pas à traiter.

- …

39. Mort

- **Voir une personne morte**, c'est l'image de la visitation d'un esprit.

  Voir un mort, c'est l'image de la mort ou de l'emprisonnement, c'est-à-dire un domaine de la vie de la personne est mort, détruit ou lié à cause de son comportement ; dans ce cas, le rêveur le plus souvent voit la personne morte sans lui parler, mais très triste ou assis quelque part.

  Voir un mort, c'est aussi l'image du voyage de l'esprit ; la personne va dans le monde des esprits pour être instruit ; si vous avez la paix, la joie soit vous êtes dans le jour, c'est positif, mais le contraire, c'est négatif.

- Voir **un mort qui parle** de sa vie passée ou qui parle de sa mort cela montre que la personne a été tué de force soit par l'entourage ou soit par la famille et le mort a besoin de parler pour révéler le coupable.

- Voir **un mort qui pleure** cela nous révèle que là où la personne se trouve c'est la souffrance, c'est la tristesse, et avant de mourir elle a passé par une souffrance atroce.

  Le rêve nous dit aussi que nous sommes en train de détruire notre destinée et de faire le choix d'une vie de souffrance éternelle. Et le rêve nous révèle qu'on n'a pas une longue vie.

- Voir **un mort autour de la famille** cela veut dire que la personne morte, on prend son visage pour détruire et déstabiliser sa famille par des esprits négatifs.

- Voir des **personnes vivantes mortes** dans le rêve, c'est l'image de la paix ; la paix dans la vie de la personne morte qui peut être la guérison en cas de la maladie, l'abondance dans la vie de la personne morte. C'est l'image d'une longue vie de la personne vue morte dans le rêve.

Mais cela peut être aussi le contraire ; l'image de la souffrance, du malheur, du blocage dans la vie de la personne morte ; l'image de la mort ; la mort physique ou spirituelle de la personne vue morte dans le rêve.

Tout dépendra de sa façon de vivre dans la vraie vie, sans oublier que la personne qu'on voit morte peut être aussi le rêveur malgré qu'on voie une autre personne.

- Si la personne vue morte dans le rêve, on le voit encore vivante, **mort vivant**, c'est l'image d'une mauvaise situation qui arrive dans la vie de la personne ou dans sa famille.

- Voir une **personne morte, morte**, c'est l'image du déplacement, c'est-à-dire que la personne n'était pas morte, mais déplacée, vivante quelque part et on voit sa mort réelle.

C’est aussi l’image d’un deuil à venir.

Voir une personne morte, morte, c’est l’image du dédoublement, c’est-à-dire l’esprit vit dans la famille, tourne dans la famille et peut se projeter dans un membre de la famille.

Le plus souvent on veut l’utiliser pour détruire la famille ; c’est l’image de l’esprit de mort qui est tout autour de la famille.

40. Ne pas arriver à

Si on n’arrive pas à faire quelque chose dans le rêve :

- C’est l’image de la mort spirituelle conduisant à l’échec.
- C’est l’image de la faiblesse spirituelle, c'est-à-dire la puissance spirituelle du rêveur est trop faible par rapport à ces ennemis spirituels.
- C’est l’image de l’emprisonnement spirituel, c'est-à-dire que la personne est sous

l'emprise d'un esprit négatif, elle est dominée et contrôlée.

- C'est l'image de l'esprit de surplace, de freinage, de blocage.

- …

41. Nudité

- C'est l'image de la puissance négative, c'est-à-dire la personnc nuc a un rang supérieur sur le plan spirituel ; méfions-nous de la personne.

- C'est l'image de la malédiction, de la destruction et celle-ci est approfondie ; l'œuvre de la destruction est en œuvre, on remarquera on sert anormalement les autres et on dépend des autres pour vivre.

- C'est l'image du manque de protection totale dans la vie de la personne, l'image de la captivité, c'est-à-dire tout ce qu'on a, on fait, c'est les autres qui en bénéficieront, on travaillera durement, mais c'est les autres qui en bénéficieront, s'enrichiront.

- C'est l'image aussi de l'impudicité, c'est-à-dire la personne nue est une impudique venant de sa nature, d'une semence ou d'un esprit impur ou encore d'une influence humaine.

- Se voir **marché nu** dans le rêve, c'est l'image du sacrifice pour que l'œuvre de la destruction ne se manifeste pas dans la vie ou dans la famille. Programmons des jours de sacrifice pour que la destruction n'arrive pas.

  Marcher nu, c'est aussi l'image de la honte, si on ne fait pas attention, la honte fera partie de nous, on va nous surprendre en train de faire quelque chose de honteuse.

- **Une partie du corps nue** dans le rêve comme se voir torse nu ou sans pantalon dans le rêve, en nous il y a des portes qui donnent accès à l'ennemi d'entrer et de sortir.

- Se voir **pied nu** dans le rêve ou en marchant, la personne ne fait pas ce que le savoir lui demande, elle n'arrive pas à vivre, à pratiquer la connaissance créant ainsi le non-accomplissement de sa prière.

  C'est aussi un signe de la destruction future de la famille du rêveur s'il n'intervient pas pour elle.

- Voir dans le rêve la femme avec un sexe d'homme ou l'homme avec un sexe de femme, **transgenre**, c'est l'image de l'envoutement, un fort envoutement dans la vie du rêveur, il est ensorcelé et détruit.

  C'est aussi l'image d'une puissance de la séduction et de la domination, c'est-à-dire le rêveur sera détruit par la séduction ou encore dans le jour à venir il sera incapable d'agir parce qu'il sera dominé.

- …

42. Perdre

Perdre quelque chose dans le rêve ; ceci dépend de la chose qu'on perd, souvent, c'est l'image du malheur, de la destruction venant de la négligence.

…

43. Personnalité

Rêver une personnalité, souvent Dieu nous révèle le succès qu'on aura si on persévère dans ce qu'Il nous demande, la honte qui nous attend demain en vivant contrairement à sa volonté.

C'est un rêve qui demande l'examen de soi en nous signifiant, nous sommes appelés à influencer des vies.

On comprend que le rêve de personnalités, c'est un message fortifiant notre esprit à persévérer dans la foi, car si on ne fait pas attention, les jours à venir, nous allons abandonner la foi par rapport à notre réalité.

Et en faisant régulièrement ce rêve, nous remarquerons dans la vie de chaque jour l'instabilité de la foi, influençant ainsi négativement le succès à venir.

Dieu nous révèle, si on ne fait pas attention par ce rêve, nous allons perdre notre position pour en avoir une autre, c'est-à-dire, nous serons ce qu'on ne devait pas être.

En fait, rêver des personnalités, c'est déjà l'image de l'éloignement, on s'éloigne de notre vraie destinée.

Nous empruntons une destinée qui n'est pas la nôtre, par ce rêve Dieu nous dit de continuer à lui plaire et à faire ce que nous croyons au plus profonds de nous, être notre paix, car même si aujourd'hui, nous ne voyons pas le résultat, demain le succès est certain.

Malheureusement la plupart des personnes qui voient des personnalités la nuit, sont des personnes qui ne nourrissent pas Dieu par la foi, leurs vies, c'est le découragement, le désespoir, les sauts d'humeurs et autres.

Ces sentiments négatifs les poussent à abandonner ce qui devait être demain, leur paix, et ces sentiments deviennent des barrières pour qu'ils n'atteignent pas leurs destinées.

La première de chose à faire lorsqu'on rêve les personnalités, c'est de fixer notre foi en Dieu et la vie de la parole de Dieu, souvent, c'est catastrophique.

- Rêver une personnalité, c'est l'image de l'élévation, voir les hommes importants dans les rêves, c'est l'élévation en cas de partage mutuel avec la personne, si tout se fait en paix.

- C'est l'image de l'autorité dans le cas où le rêveur gronde la personne.

- C'est l'image d'un messager, la présence d'un esprit supérieur à côté de nous pour nous aider.

- C'est l'image de la catastrophe dans le jour à venir dans le cas où cette autorité nous gronde.

- …

44. Planer

- Si la personne se voit planer dans le rêve, c'est l'image d'une forte élévation, réussite, succès.

- C'est l'image de la détermination et de la persévérance, c'est-à-dire la personne a la capacité en elle d'atteindre ces objectifs si elle est courageuse.

- Si la personne se voit planer dans le rêve, c'est l'image de la puissance, la personne a un pouvoir en elle venant du monde spirituel.

- …

45. Pont

- Traverser un pont dans le rêve, c'est l'image du niveau spirituel de la personne :

Être au milieu du pont, c'est l'image du tâtonnement, le niveau spirituel du rêveur est ni positif, ni négatif dû à la convoitise de la chair et du monde.

Être en deçà du milieu du pont, c'est l'image de l'échec dû à un comportement.

Être au-delà du milieu du pont, c'est l'image d'une bonne marche, mais sans les bénédictions, car les bénédictions, c'est après le pont.

- C'est voir traversé un pont dans le rêve est pareil à la personne qui passe une interrogation, un texte, une épreuve.

  Si le rêveur arrive à traverser, il a réussi l'épreuve et il passe dans la promotion montante qui peut être la paix, l'élévation, la stabilité, la guérison.

- Se voir traversé un pont, c'est l'image de la paix et de la joie, de la stabilité, car traversé un pont, c'est quitté une étape de souffrance à une étape de paix, de consolation, de bonheur.

Mais le sens, les directions sont aussi importantes : traverser en avant, c'est positif, c'est la bénédiction ; traverser en sachant que je recule, je retourne, c'est négatif, c'est la malédiction.

- Si on n'arrive pas à avancer ou à traverser c'est l'image de l'échec dû à une nature souvent la négligence. C'est l'image de la limitation, de l'aveuglement.

- Se voir traverser un pont, mais le rêveur remarque que son poids ou quelque chose ou une personne ne lui permet pas de le faire, il doit contrôler son comportement qui est un obstacle au bonheur.

- Dans le cas où le rêveur se voit traverser le pont, mais celui-ci est en déséquilibre, c'est l'image de l'instabilité de la foi due aux épreuves ; c'est aussi l'image de la faiblesse spirituelle.

- Dans le cas où le rêveur se voit traverser le pont, mais risque de tomber, c'est l'image du sacrifice, on lui demande de supporter la douleur, de supporter les épreuves pour arriver à la paix.

- Dans le cas où le rêveur se voit traverser le pont, mais il tombe, le rêveur a échoué aux épreuves, c'est la désolation, la souffrance dans sa vie.

- Dans le cas où le rêveur se voit traverser le pont, mais il est poursuivi, sa puissance spirituelle est faible, il doit augmenter sa force spirituelle pour arriver à sa bénédiction.

- …

46. Poursuivie

- Etre poursuivi dans le rêve, c'est l'image du combat spirituel. Si on arrive pendant la poursuite à s'échapper c'est l'image de la victoire sur nos ennemis, dans le cas contraire, c'est l'image de : la défaite, l'emprisonnement, le dépouillement, le surplace, l'échec, le blocage.

- C'est l'image de la faiblesse de l'esprit, la personne ne nourrit pas spirituellement son esprit.

- …

47. Rapport Sexuel

- Le rapport sexuel dans le rêve, si cela est l'œuvre des esprits, le rêveur doit comprendre que l'ennemi a semé des choses dans sa vie pour détruire ; il a semé une semence lui permettant de venir et de sortir comme il veut (une semence porte).

  Ces semences cherchent à détruire ou détruisent la vie de la personne en limitant physiquement ces sentiments sexuels, la personne ne ressent pas l'attirance étant avec l'autre, mais spirituellement ces envies sont normales et la nuit ou en dormant ça empire pour avoir des partenaires nocturnes.

- Commettre l'impudicité répétitive dans le rêve, c'est l'image de la destruction du destin, la personne est loin de sa destinée. C'est l'image de la présence des esprits incubes ou succubes.

- Si la pénétration se fait avec douleur ou suivi de l'écoulement du sang dans le rêve, c'est l'image de la mort ou de la destruction d'un organe du corps par les esprits de nuit, le plus souvent, c'est l'image de la stérilité, de l'avortement, d'une maladie incurable.

- Être tenté ou sollicité à commettre l'impudicité dans le rêve, c'est l'image de l'oppression dans les jours à venir prenant souvent la forme de la séduction, de la convoitise ou de la cupidité.

  C'est aussi l'image de la présence des certaines natures en nous pour notre perte.

- …

48. Retard

- Lorsque la personne rêve qu'elle est en retard, c'est l'image d'être contrôlé par un esprit négatif.

- C'est l'image de la paresse conduisant à la souffrance, à l'échec ; l'image de la négligence.

- C'est l'image de la corruption de la pensée, la pensée de la personne est souillée créant l'oubli, le saut d'humeur, la distraction, les envies incontrôlées.

- …

49. Retrouver

- Retrouver quelque chose dans le rêve ; ceci dépend de la chose qu'on retrouve, souvent, c'est l'image de la délivrance, de la joie liée à ce qu'on cherche dans la vie.

- C'est aussi l'image du manque de paix lié au manque de la persévérance, c'est en persévérant qu'on sourira, réussira.

- …

50. Réussir

C'est l'image du niveau de la spiritualité de la personne attirant des choses dans sa vie ; le résultat ou le pourcentage de la réussite image souvent le temps que cela prendra pour se matérialiser.

…

51. Rêver

- Rêver qu'on rêve, c'est l'image du retard, la personne n'est pas ce qu'elle devait être dans la vie actuelle due à un comportement.

  L'image d'une existence parasitaire, vivre au détriment des autres.

- Rêver qu'on rêve, c'est l'image de la fatigue sur le plan spirituel et physique.

- …

52. Sauterelles

- Si la personne voit des sauterelles dans ces rêves, c'est la bénédiction suivie d'une grande patience ; le rêveur doit être patient pour voir ce qu'il cherche et de continuer à persévérer.

- Si la personne se voit dans un endroit plein des sauterelles dans son rêve, c'est la bénédiction qui est proche.

- Si la personne voit des sauterelles dans ces rêves, c'est rarement une malédiction, dans le cas de la malédiction, les sauterelles mangeront ce qui appartient au rêveur ou le rêveur les verra en train de manger les feuilles.

- Si le rêveur rêve en train **d'attraper des sauterelles**, c'est une bénédiction qui demande la participation de la personne ; la personne doit travailler pour sa paix, mettre toute son attention sur ce qu'elle fait, sinon les sauterelles s'échapperont qui est le signe de l'échappement de la bénédiction.

Attraper des sauterelles, c'est aussi l'image de trouver ce qu'on n'avait pas.

53. Sang

- Dans le cas général voir le sang, c'est l'image de la mort, de la douleur, de la souffrance.

- Lorsque la personne rêve avoir du **sang dans les mains ou dans la bouche**, le rêve dit : la personne est esclave des esprits négatifs.

  Voir quelqu'un d'autre avec le sang dans les mains ou dans la bouche soit cette personne fait partie d'une secte occulte, soit elle est utilisée inconsciemment par des puissances négatives pour détruire.

- Voir la personne **saignée**, c'est l'image de la destruction du bonheur ; c'est aussi l'image de la faiblesse spirituelle, de la diminution de la puissance, de l'énergie.

Par contre, voir le saignement de l'adversaire qu'on combat, c'est l'image de la domination sur nos ennemis.

- **Boire le sang** dans le rêve souvent, c'est l'image de deux choses :

- Une alliance est faite entre le monde spirituel et la personne.

Si en buvant le sang, tu voyais ou ressentais l'eau ou un élément des eaux comme le poisson et autres, cela veut dire l'alliance est faite avec le monde des eaux.

Si en buvant le sang, tu voyais ou ressentais le vent ou un élément de l'air comme l'oiseau, le pacte est fait avec le monde de l'air.

Si en buvant le sang, tu voyais ou ressentais la verdure ou un élément de la verdure comme l'arbre, le champ, l'herbe ou encore tu voyais ou ressentais un animal, le pacte est fait avec le monde animal.

Si tu voyais d'autres choses qui n'ont rien avoir avec le monde des eaux, des airs, animal, dans ce cas soit le pacte est fait avec le monde sous terrain (le plus souvent on voit des choses du monde comme des maisons, des voitures) ou le monde des humains (avec un sorcier).

Boire le sang n'est pas positif dans le rêve, souvent on fait une alliance avec des esprits et si c'est une alliance on aura des attitudes négatives dans le rêve comme la peur, l'agitation... On peut même sentir le goût du sang dans la bouche, soit sentir l'odeur du sang.

- Cela peut être aussi une semence pour que les esprits contrôlent la personne. Dans ce cas on doit savoir qu'en nous il y a une marque qui n'est pas la marque de Dieu...

Et dans le cas où c'est une semence, le plus souvent nos attitudes et sentiments sont normaux.

- Les **menstrues** dans le rêve, le voir, s'interprète pareillement avec le sang avec une particularité, car les menstrues c'est l'image aussi de la force.

Le voir dans le rêve, c'est souvent l'image d'une perte importante de l'énergie, de la force spirituelle conduisant à une forte maladie ou instabilité.

Ce rêve nous dit de faire attention à la fatigue du corps et de l'esprit c'est-à-dire aux pensées.

On doit faire de notre mieux pour que tous nos actes, paroles soient dans l'amour de Dieu et du prochain, car quelque chose de pas bien est au point d'arriver si on vit n'importe comment.

- Les menstrues dans le rêve, c'est aussi l'image de la destruction future par rapport à nos paroles, nous corrompons nos vies par nos paroles.

- …

54. Savoir qu'on rêve

- Lorsque la personne rêve et sait qu'elle rêve et contrôle son rêve, c'est un pouvoir, une puissance que la personne a ; elle a l'autorité de contrôler tout ce qui est autour de lui.

- Si la personne rêve et sait qu'elle rêve, mais n'ayant pas le pouvoir de contrôler son rêve, c'est pareille avec le point ci-dessus avec comme message d'augmenter sa force spirituelle pour que le don s'exerce totalement.

- …

55. Se laver

- Le rêve nous dit de détruire la veille nature pour avoir la paix.

- Si dans la vie courante les désirs sexuels sont incontrôlés, le rêve nous révèle qu'on est contrôlé par des esprits des eaux.

- Si la personne se voit mouiller dans le rêve, c'est l'image dans le cas général d'une forte souffrance. Mais cela peut être aussi une forte bénédiction.

- …

56. Se perdre

- Se perdre dans le rêve, c'est l'image de l'inachèvement ; comme une liberté partielle, une délivrance incomplète, une paix insuffisante et autres.

- Se perdre peut signifier aussi la malédiction, une puissance maléfique œuvre dans la vie de la personne créant l'inachèvement des choses.

- En rêvant qu'on est perdu, cela signifie qu'on n'est pas dans notre chemin, dans notre destinée.

- Si le rêveur se voit en promenade dans un chemin et se perd ; le message en est que la personne détruit sa bénédiction ou il est sous l'influence des puissances négatives pour n'est pas atteindre sa destination ; c'est l'image du freinage, du surplace, du blocage ou de l'aveuglement.

- …

57. Serpent

- C’est l’image de la discrétion, soyons discret dans la vie, car le plus souvent le malheur nous atteint par manque des discrétions. Il y a des choses qu’on ne doit jamais révéler aux autres sinon notre vie en pâtira.

- C’est l’image des capacités hors normes dans la faiblesse, dans les handicapes ; ne fixons pas nos défauts, mais utilisons nos défauts pour nous démarquer des autres, car nous pouvons faire plus que ces personnes que nous admirions.

  Et nos défauts sont notre force, cherchons les trésors qui se cachent dans nos défauts.

- C’est l’image de l’imprudence qui nous coûtera cher un jour, le rêve nous dit notre paix est liée à la sagesse et la prudence.

- C’est l’image de la prudence, de la vigilance, car spirituellement il y a la présence des géants esprits négatifs pour nuire à la personne en utilisant le plus souvent son entourage.

- C'est aussi une sorcellerie puissante agissante dans la vie de la personne pour tout tuer, détruire et voler.

- C'est l'image de la ruse si nous remarquons dans nos vies couramment le mensonge, le manque d'amour ; le rêve nous dit qu'on est menteur et mauvais, prêt à tout pour atteindre nos buts sans nous préoccuper du bien-être des autres.

  Si nous continuons dans cette voie du mensonge demain nous récolterons l'échec, l'humiliation, la déception, la souffrance.

- C'est l'image d'une courte joie si nous remarquons toujours dans nos vies couramment le mensonge, le rêve nous dit tout semble être bon, mais demain, c'est le pire qui nous attend si on ne change pas notre comportement.

58. Tomber

- La personne qui se voit tomber dans son rêve, c'est l'image du danger qui doit arriver si on ne fait pas attention à sa façon de vivre.

- C'est l'image de l'échec, ce qu'on fait n'aboutira à rien.

- C'est l'image de l'emprisonnement spirituel, on est sous contrôle d'un esprit impur.

- C'est l'image de la faiblesse spirituelle créant la fatigue.

- C'est l'image du découragement ou de la perte de la foi due à l'impatience.

  L'image de la rechute ou de la perte, du blocage et du freinage.

- C'est l'image de l'abandon, c'est-à-dire si on manque le choix, ou on veut s'engager à quelque chose ou à quelqu'un, et on se voit tomber, ne le faisons pas.

- Dans le cas où le rêveur se voit tomber dans le vide c'est l'image de l'échec, de la désolation, de la souffrance.

- …

59. Trou

- Le trou dans le rêve, c'est l'image de l'accès ; une porte qui donne accès au malheur ; un comportement, une nature donna accès à l'ennemi de nous toucher.

- Voir le trou, c'est l'image du déplacement d'une de nos potentielles, de nos bénédictions, de nos capacités dans le monde spirituel impur (une de nos bénédictions est utilisée par une autre personne par la puissance de la sorcellerie) ; cela peut être : notre intelligence, notre argent, notre mariage, notre élévation, notre force et autres.

- C'est l'image de la semence impure dans la vie du rêveur, et si l'ouverture est importante, c'est la présence des esprits impurs, l'image de la possession.

- …

60. Tuer

- Si on le fait avec peur ou on voit quelqu'un nous envoyer le faire (nous forcer) c'est l'image de la servitude.
- C'est l'image de la sorcellerie par intermittence si on le fait avec joie ; une forme de la sorcellerie se trouvant entre l'inconscience et la conscience... la personne sait qu'elle fait le mal sans comprendre comment, elle est téléguidée.
- C'est l'image aussi du combat spirituel.
- …

61. Ver de terre

- Le rêveur doit détruire les inquiétudes (les soucis), les murmures dans sa vie qui ronge son épanouissement personnel.

- C'est aussi l'image de la malédiction, d'une forte et puissante influence de la sorcellerie dans la vie du rêveur, cherche ta délivrance.

- C'est aussi un appel de Dieu, Dieu appel le rêveur à consoler les affligés.

62. Voler comme un oiseau

- C'est l'image de la servitude, si on atterrit ou après le rêve du vol on se retrouve dans la fête, dans l'eau, dans la foule, dans un jeu, dans un service quelconque, dans la forêt, dans un champ, dans une salle, dans des images érotiques.

  Ou encore lorsqu'on se réveille trop fatigué, faible ou avec des douleurs.

- Le rêve du vol détermine aussi le niveau spirituel du rêveur, c'est-à-dire si la personne se voyait voler, son niveau spirituel est élevé, son attitude détermine son niveau spirituel, plus il atteint la hauteur, plus elle a une puissante forte spirituelle.

- C'est aussi l'image de l'élévation premièrement spirituelle qui se fera suivre par l'élévation physique, le spirituel amènera le physique à prospérer.

- C'est aussi l'image du combat ; soit la personne veut engager un combat, soit la personne est en plein combat.

- **Ne pas arriver à voler** ou voler avec difficulté dans le rêve ou encore arrivé à un certain niveau on n'arrive plus à monter plus haut, c'est l'image de ne pas atteindre le seuil, le niveau voulu ou qu'on devait atteindre dû à un comportement qu'on n'arrive pas à abandonner.

  C'est l'image du surplace malgré nos capacités.

- Si vous avez **atteint l'objectif** (la cible) en volant cela veut dire que vous deviez fournir des efforts personnellement pour arriver à l'objectif fixé.

- Un **mauvais atterrissage** ou ne pas arriver à contrôler son atterrissage dans le rêve, c'est l'image du rabaissement spirituel, c'est-à-dire un mauvais comportement nous amène au point du départ et notre vie spirituelle comme physique n'avancera pas tant qu'on ne vainc pas cette nature.

  C'est aussi l'image de la peur et d'hésitation ; la peur, le doute nous empêche d'avancer.

Printed by Books on Demand GmbH, Norderstedt / Germany